वरलक्ष्मी व्रतम

चित्रांकन: सुजाता साहा

प्रकाशक: डिवाइनभार

वरलक्ष्मी व्रतम

ISBN नंबर : 978-93-344-0188-2

चित्रांकन: सुजाता साहा

प्रकाशक: डिवाइनभारत

www.divinebharat.co

विषय सूची

परिचय

वरलक्ष्मी व्रतम एक महत्वपूर्ण हिन्दू पर्व है, जो देवी वरलक्ष्मी को समर्पित है। देवी वरलक्ष्मी, भगवान विष्णु की अर्धांगिनी, माँ लक्ष्मी का एक कृपालु स्वरूप हैं। 'वरलक्ष्मी' नाम का अर्थ है — "वर देने वाली"।

माँ वरलक्ष्मी की पूजा को अष्टलक्ष्मी की पूजा के समान माना जाता है। अष्टलक्ष्मी — माँ लक्ष्मी के आठ दिव्य स्वरूप हैं: आदि लक्ष्मी (आध्यात्मिक संपदा), धनलक्ष्मी (धन), धान्यलक्ष्मी (अन्न एवं कृषि), गजलक्ष्मी (समृद्धि), संतानलक्ष्मी (संतान), धैर्य लक्ष्मी (साहस), विजयलक्ष्मी (विजय) और विद्यालक्ष्मी (ज्ञान)। इस प्रकार, वरलक्ष्मी सभी आठ प्रकार की समृद्धि और कल्याण का आशीर्वाद प्रदान करती हैं। उनकी पूजा से घर-परिवार में धन, स्वास्थ्य, सुख-समृद्धि और मंगल की प्राप्ति होती है।

वरलक्ष्मी व्रतम की उत्पत्ति का उल्लेख स्कंद पुराण में मिलता है, जहाँ भगवान शिव ने इसकी महिमा देवी पार्वती को बताई। कथा के अनुसार, सबसे पहले यह व्रत कुण्डिन नामक नगर में एक पुण्यात्मा स्त्री चारुमति ने किया था। माँ लक्ष्मी ने स्वप्न में

आकर उन्हें इस व्रत का विधान बताया। चारुमति ने श्रद्धा एवं भक्ति से व्रत किया, जिससे प्रसन्न होकर माँ लक्ष्मी ने उनके घर में सुख-समृद्धि का वास किया। इसके बाद, अनेक महिलाएँ इस व्रत को करने लगीं, ताकि उन्हें भी स्वास्थ्य, धन और खुशियों का आशीर्वाद मिल सके।

यह व्रत प्रायः श्रावण मास की पूर्णिमा से पहले वाले शुक्रवार को किया जाता है। इसका विशेष महत्व दक्षिण भारत के राज्यों — तमिलनाडु, कर्नाटक, आंध्र प्रदेश, तेलंगाना — में है, साथ ही महाराष्ट्र और ओडिशा में भी इसे श्रद्धा से मनाया जाता है।

विवाहित स्त्रियाँ यह व्रत अपने पति की दीर्घायु, सुख-समृद्धि और परिवार के कल्याण के लिए करती हैं। अविवाहित कन्याएँ और संतान की इच्छा रखने वाली महिलाएँ भी यह व्रत करती हैं, ताकि उन्हें माँ का आशीर्वाद प्राप्त हो। विधि-विधान के साथ व्रत करने के लिए घर के बुजुर्गों से मार्गदर्शन लेना शुभ माना जाता है।

पूजा के लिए आवश्यक सामग्री

1. <u>मूर्ति एवं सज्जा</u>

1. माँ लक्ष्मी या अष्टलक्ष्मी का मुखमंडल (बाज़ार से तैयार)
2. लकड़ी का पाट या पीठा/थांबाळम (मूर्ति स्थापित करने के लिए)
3. कलश (कच्चे चावल एवं सुगंधित जल – इलायची, केसर, लौंग, खाद्य कपूर, जावित्री – से भरा हुआ)
4. आम के पत्ते (कलश में लगाने के लिए)
5. नारियल (छिलके सहित या बिना छिलके, कलश के लिए)
6. नया ब्लाउज़ पीस (माँ को अर्पण या ओढ़ाने के लिए)
7. देवी वस्त्र (साड़ी या कपड़ा)
8. देवी आभूषण (श्रृंगार हेतु आभूषण)
9. दर्पण एवं कंघी (देवी के श्रृंगार के लिए शुभ सामग्री)

2.पवित्र धागे: थोरम और पोंगु नूल

10. थोरम – नौ तारों से बना, नौ गांठों वाला, हल्दी लेपित पवित्र धागा। पूजा के बाद महिलाएँ इसे दाएँ हाथ में बांधती हैं।

11. पोंगु नूल – हल्दी लेपित एकल धागा, जो गले या हाथ में बांधा जाता है। विवाहित महिलाएँ थोरम और पोंगु नूल दोनों पहनती हैं, जबकि अविवाहित कन्याएँ केवल थोरम बांधती हैं।

12. करिमणी माला – छोटे काले मनकों से बनी माला, जो विवाहित महिलाओं का प्रतीक है और बुरी नज़र से रक्षा करती है।

3. पूजा की आवश्यक सामग्री

13. हल्दी पाउडर

14. कुमकुम

15. चंदन पेस्ट

16. विभूति (पवित्र भस्म)

17. अक्षत (हल्दी-लेपित संपूर्ण चावल)

18. पान के पत्ते

19. सुपारी

20. सूखे खजूर

21. सिक्के (थंबूलम के लिए ₹1 का सिक्का सहित)

22. साबुत चावल

23. छोटी पूजा घंटी

4. भोग एवं अन्य अर्पण

24. पंचामृत (दूध, दही, शहद, घी, चीनी/गुड़)

25. नैवेद्यम – पारंपरिक मिठाइयाँ जैसे पायसम, अप्पम, बूरेल्यु

26. फल (सभी मौसमी प्रकार)

27. केला

28. सूखे मेवे और मेवा

29. दही, दूध और जल

30. प्रसाद (पूजा में अर्पित भोजन)

31. केले के पौधे या पत्ते (पूजा मंडप सजावट के लिए)

5. पूजा उपकरण

32. अगरबत्ती

33. घी/तेल का दीपक

34. कपूर (आरती के लिए)

35. संभ्राणी (धूप के लिए राल)

36. छोटा तेल का दीपक

37. फूलों की मालाएँ

38. ताजे फूल

39. कमल का फूल (यदि उपलब्ध हो)

6. सजावट एवं वितरण

40. रंगोली सामग्री – चावल का आटा और प्राकृतिक रंग

41. थंबूलम (पूजा के बाद महिलाओं को दिया जाने वाला पारंपरिक उपहार)

इसमें आमतौर पर पान के पत्ते, सुपारी, केला, नारियल, हल्दी का धागा, कुमकुम, ब्लाउज़ पीस और एक सिक्का शामिल होता है – जो आशीर्वाद और शुभकामना का प्रतीक है।

42. पेपर प्लेटें और कटोरियाँ (प्रसाद वितरण के लिए)

7. विविध

43. वरलक्ष्मी व्रतम पुस्तक

तैयारी एवं सज्जा

A. <u>तैयारी (व्रत के एक दिन पूर्व – गुरुवार)</u>

वरलक्ष्मी व्रतम की तैयारियाँ पारंपरिक रूप से एक दिन पहले, गुरुवार को शुरू होती हैं। इस दिन का मुख्य उद्देश्य सभी आवश्यक पूजा सामग्री एकत्र करना, घर की सफाई करना और वेदी की सजावट करना है।

1. घर की सफाई – पूरे घर की अच्छी तरह सफाई करें, विशेषकर पूजा स्थल की।

2. कोलम (रंगोली) – चावल के आटे और प्राकृतिक रंगों से सुंदर कोलम या मुग्गु बनाकर पूजा क्षेत्र सजाएँ।

3. पीठा सज्जा – एक सजे हुए लकड़ी के पाट (पीठा या थांबाळम) को रखें, जिस पर कलश और माँ लक्ष्मी की स्थापना होगी।

B. <u>कलश तैयारी (व्रत के दिन – शुक्रवार)</u>

कलश देवी वरलक्ष्मी का प्रतीकात्मक रूप है और पूजा का मुख्य केंद्र होता है।

कलश तैयार करने की विधि:

1. एक साफ बर्तन चुनें – चाँदी, कांसे या पीतल का होना शुभ माना जाता है।

2. इसे सुगंधित जल (इलायची, केसर, लौंग, खाद्य कपूर और जावित्री युक्त) से किनारे तक भरें,
या फिर क्षेत्रीय परंपरा के अनुसार इसमें कच्चे चावल, नींबू, सिक्के, करिमणी माला (काले मनके), हल्दी की गांठें, सूखे मेवे और सुपारी भरें।

3. कलश पर हल्दी या चंदन से स्वस्तिक का चिन्ह बनाएँ।

4. कलश के मुख पर 5 या 9 आम के पत्ते रखें।

5. एक नारियल को हल्दी और कुमकुम से सजाकर कलश के ऊपर रखें, नारियल की नुकीली सतह ऊपर की ओर हो।

6. नारियल पर माँ लक्ष्मी का मुखमंडल या चित्र लगाएँ, जो देवी का प्रतीक है।

7. नारियल पर नया ब्लाउज़ पीस या सजावटी वस्त्र लपेटें।

8. कलश को लकड़ी के पाट पर कच्चे चावल के ढेर पर स्थापित करें, और दिशा पूर्व की ओर रखें।

C. सजावट एवं पुष्प व्यवस्था

1. पूजा स्थल को ताजे फूलों और मालाओं से सजाएँ।

2. वेदी के दोनों ओर केले के पौधे या पत्ते रखें।

3. पान के पत्ते, सुपारी, केले, हल्दी की गांठें, फल, मिठाइयाँ वेदी के चारों ओर सजाएँ।

D. थंबूलम सेट

पूजा से पहले एक थाल में निम्न वस्तुएँ तैयार रखें:

- थोरम और पोंगु नूल
- 9 पान के पत्ते
- 9 सुपारी
- 9 केले
- 9 खजूर
- 9 हल्दी की गांठें
- कुमकुम डिब्बी
- करिमणी माला (काले मनके की माला)

ये वस्तुएँ पूजा का हिस्सा होती हैं और पूजा के बाद महिलाओं को थंबूलम सेट के रूप में वितरित की जाती हैं।

E. पूजा के बाद

1. कलश का जल – इसे सम्मानपूर्वक ऐसे पौधों में अर्पित करें जो ज़मीन में जमे हों (गमले में नहीं)। जल को रास्तों या नालियों में बहने से बचाएँ।

2. कलश का नारियल – इसे अगले दिन फोड़ें और मीठा पोंगल, मोदक या कोझुकट्टई जैसे प्रसाद बनाने में उपयोग करें।

पूजा विधि

1. कलश स्थापना (Kalasha Sthapana)

वरलक्ष्मी व्रतम में कलश माता लक्ष्मी का प्रतीक होता है।

2. संकल्प (Sankalpam)

- दाएँ हाथ को बाएँ हाथ के ऊपर रखें, जिसमें फूल और अक्षत हों, और इसे दाएँ जाँघ पर रखें।

- संकल्प मंत्र पढ़ें:

एवंगुण विशेषण विशेष्टायामस्यां शुभतिथौ अस्माकं सहकुटुम्बानां क्षेम, स्थैर्य, विजय, आयुः, आरोग्य, ऐश्वर्य अभिवृद्ध्यर्थम् धर्म, अर्थ, काम, मोक्ष – चतुर्विध पुरुषार्थ सिद्ध्यर्थम् इष्टकामार्थ सिद्ध्यर्थम् सत्संतान, सौभाग्य, शुभफल प्राप्त्यर्थम् वर्षे वर्षे प्रयुक्तं वरलक्ष्मीमुद्धिश्य वरलक्ष्मी प्रीत्यर्थं भविष्योत्तर पुराणकल्पोक्त प्रकारेण यथाशक्ति ध्यानावहनादि षोडशोपचार पूजनं करिष्ये। तदंगत्वेन कलश पूजनं करिष्ये।

- मंत्र के बाद कलश के आधार में जल अर्पित करें।

3. गणपति पूजन (Haridra Ganapati)

- हल्दी पाउडर में थोड़ा पानी डालकर शंकु आकार का हल्दी गणपति बनाएँ।
- गणपति को कलश के बाएँ, थोड़ा आगे रखें।
- गणपति का ध्यान करें और निम्न श्लोक बोलें:

शुक्लाम्बरधरं विष्णुं शशिवर्णं चतुर्भुजम्।

प्रसन्नवदनं ध्यायेत् सर्वविघ्नोपशान्तये॥

- हल्दी, फूल, अक्षत अर्पित करके गणेश जी से विघ्न विनाश की प्रार्थना करें।

4. कलश पूजा – पवित्र कलश का पूजन

वरलक्ष्मी व्रतम में कलश को स्वयं देवी वरलक्ष्मी का स्वरूप माना जाता है। गणपति पूजन के बाद कलश की विधिवत पूजा की जाती है।

कलश को अर्पण

- अक्षत (हल्दी लगे चावल) छिड़कें।
- फूल, हल्दी, कुमकुम और चंदन अर्पित करें।
- दीपक और अगरबत्ती जलाएँ।

कलश मंत्र

कलशस्य मुखे विष्णुः कण्ठे रुद्रः समाश्रितः।

मूले तत्र स्थितो ब्रह्मा मध्ये मातृगणा स्मृताः॥

कुक्षौ तु सागराः सर्वे सप्तद्वीपा वसुन्धरा।

ऋग्वेदोऽथ यजुर्वेदः सामवेदोऽथर्वणः॥

अंगैश्च सहिताः सर्वे कलशाम्बु समाश्रिताः।

आयान्तु लक्ष्मी पूजार्थं दुरितक्षयकारकाः॥

नदी आवाहन मंत्र

गङ्गे च यमुने चैव गोदावरी सरस्वति।

नर्मदे सिन्धु कावेरी जलेस्मिन् सन्निधिं कुरु॥

इसके बाद देवी लक्ष्मी का ध्यान कर कलश को पूर्ण श्रद्धा से पूजें।

वरलक्ष्मी पूजन प्रारंभ

पद्मासने पद्मकरे सर्वलोकैक पूजिते।

नारायण प्रिये देवि सुप्रीता भव सर्वदा॥

वरलक्ष्मी अलंकरण (देवी की सजावट)

अब कलश को माता वरलक्ष्मी के रूप में सजाया जाता है।

१. वस्त्र अर्पण

- **एक नया ब्लाउज़ पीस या छोटी साड़ी/कपड़ा कलश के गले या नारियल के चारों ओर ओढ़ाएँ।**
- **यह देवी का वस्त्र (वास्त्रम्) माना जाता है।**

२. देवी का मुख (वैकल्पिक)

- **यदि आपके पास वरलक्ष्मी का फेस मास्क है, तो उसे नारियल पर धीरे से लगाएँ।**
- **यदि नहीं, तो हल्दी और कुमकुम से आँखें बनाएँ या नारियल को देवी के प्रतीक रूप में सजाएँ।**

३. आभूषण अर्पण

- **सोने या सोने-चढ़े आभूषण, चेन**
- **कुमकुम और हल्दी के बिंदु**
- **गले में फूलों की माला**

- छोटी नथ, कान की बाली, चूड़ियाँ (यदि गुड़िया आकार में उपलब्ध हों)
- छोटा मुकुट या सजावटी सिर का आभूषण

४. पुष्प सज्जा

- ताज़े फूल – जैसे मोगरा, गेंदा, गुलाब – कलश और पूजा स्थल पर सजाएँ।
- देवी के "केश" में भी फूल अर्पित करें।

५. पीठिका पर स्थापना

- सजाए गए कलश को सजावटी कपड़े या केले के पत्ते से ढके लकड़ी के पीढ़े (पीठिका/थांबालम) पर रखें।
- पीठिका के चारों ओर सुंदर रंगोली बनाकर सजाएँ।

प्रतीकात्मक महत्व

अब यह सुशोभित कलश स्वयं माता वरलक्ष्मी हैं। आगे के सभी मंत्र, पूजन, नैवेद्य और आरती इन्हीं के रूप में की जाएगी।

VARALAXMI
VRATAM
VASTRAM

षोडशोपचार पूजा

१. ध्यानम् (देवी का ध्यान व आवाहन)

देवी का ध्यान करते हुए मन में उनका स्वरूप धारण करें, फिर पुष्प या अक्षत अर्पित करते हुए मंत्र बोलें –

क्षीरोदर्णव सम्भूते कमला कमलालये।
सुस्थिरा भव मे गेहे सुरासुर नमस्कृते॥
श्रीवरलक्ष्मी देवताम् ध्यानामि।

आवाहन मंत्र:

सर्वमंगलमांगल्ये विष्णुवक्षःस्थलालये।
आवाहयामि त्वां देवी सुप्रीता भव सर्वदा॥

२. आसनम् (आसन अर्पण)

देवी के चरणों में पुष्प अर्पित करते हुए –

सूर्यायुतनिभा स्पूर्ते स्फुरद्रत्नविभूषितम्।
सिंहासनमिदं देवि स्थीयतां सुरपूजिते॥
रत्नसिंहासनं समर्पयामि॥

३. अर्घ्यम् (हाथ धोने का जल)

एक चम्मच सुगंधित जल अर्पित करें –

शुद्धोदकं च पत्रस्थं गन्धपुष्पादि मिश्रितम्।
अर्घ्यं दास्यामि ते देवि गृहाण सुरपूजिते॥
अर्घ्यं समर्पयामि॥

४. पाद्यं (पैर धोने का जल)

देवी के चरण धोने हेतु जल अर्पित करें –

सुवासितं जलं रम्यं सर्वतीर्थसमुद्भवम्।

पाद्यं गृहाण त्वं सर्वदेवनमस्कृते॥

पाद्यं समर्पयामि॥

५. आचमनम् (अन्तर शुद्धि)

एक चम्मच सुगंधित जल अर्पित करें –

सुवर्णकलशानेतम् चन्दनागुरुसंयुतम्।

गृहाण आचमनं देवि मया दत्तं शुभप्रदे॥

आचमनीयम् समर्पयामि॥

६. पंचामृत स्नानम्

दूध, दही, घी, शहद, शक्कर से स्नान कराएँ –

पयोदधि घृतोपेतं शर्करामधुसंयुतम्।

पंचामृतस्नानमिदं गृहाण कमलालये॥

शुद्धोदक स्नानम्

गंगाजल या स्वच्छ जल से स्नान –

गंगाजलं मयानितं महादेवशिरस्थितम्।

शुद्धोदकस्नानमिदं गृहाण विदुषोधरि॥

शुद्धोदक स्नानं समर्पयामि

७. वस्त्र युग्मम् (वस्त्र अर्पण)

देवी को नया वस्त्र (या हल्दी-कुमकुम लगा धागा) अर्पित करें

सुरार्चिताङ्घ्रियुगले दुकूलवसनप्रिय।

वस्त्रयुग्मं प्रदास्यामि गृहाण हरिवल्लभे॥

वस्त्र युग्मम् समर्पयामि

८. आभरणम् (गहने अर्पण)

किसी भी आभूषण या अक्षत अर्पित करें –

केयूरकंकणे दिव्ये हारानूपुर मेखले।

विभूषणान्यमूल्यानि गृहाण ऋषिपूजिते॥

आभरणम् समर्पयामि

९. उपवीतम् (यज्ञोपवीत अर्पण)

सूत/धागा/अक्षत अर्पित करें –

तप्तहेमकृतं सूत्रं मुक्तादामविभूषितम्।

उपवीतमिदं देवी गृहाण त्वं शुभप्रदे॥

उपवीतम् समर्पयामि

१०. गन्धम् (चन्दन अर्पण)

चन्दन का लेप अर्पित करें –

कर्पूरागुरुकस्तूरी रोचनादिभिरन्वितम्।

गन्धं दास्याम्यहं देवि प्रीत्यर्थं प्रतिगृह्यताम्॥

गन्धम् समर्पयामि

११. अक्षताः (अक्षत अर्पण)

हल्दी लगे चावल अर्पित करें –

अक्षता धवलादेवि शाल्यं स्थदुलशुभे।

हरिद्राकुम्कुमोपेतं गृह्यतां अब्धिपुत्रिके॥

अक्षताः समर्पयामि

१२. पुष्प पूजनम् (फूल अर्पण)

ताज़े फूल अर्पित करें –

मल्लिकाजाजीकुसुमैः चम्पकैः वा कुलैस्तथा।

शतपत्रैश्च कल्हारैः पूजयामि हरिप्रिये॥

पुष्पैः पूजयामि

अंग-पूजनम् (देवी के दिव्य रूप की पूजा)

प्रत्येक चरण में एक फूल या अक्षत अर्पित करें।

1. **चञ्चलायै नमः — पादौ पूजयामि**

(मैं देवी के चरणों की पूजा करता/करती हूँ)

2. **चपलायै नमः — जानुनी पूजयामि**

(मैं देवी के घुटनों की पूजा करता/करती हूँ)

3. **पीताम्बरधारायै नमः — ऊरू पूजयामि**

(मैं देवी की जाँघों की पूजा करता/करती हूँ)

4. **कमलवासिन्यै नमः — कटिं पूजयामि**

(मैं देवी की कमर की पूजा करता/करती हूँ)

5. **पद्मालयायै नमः — नाभिं पूजयामि**

(मैं देवी की नाभि की पूजा करता/करती हूँ)

6. **मदनमात्रे नमः — स्तनौ पूजयामि**

(मैं देवी के वक्षस्थल की पूजा करता/करती हूँ)

7. **ललितायै नमः — भुजद्वयं पूजयामि**

(मैं देवी के दोनों भुजाओं की पूजा करता/करती हूँ)

8. कम्बुकण्ठ्यै नमः – कण्ठं पूजयामि

(मैं देवी के गले की पूजा करता/करती हूँ)

9. सुमुखायै नमः – मुखं पूजयामि

(मैं देवी के मुख की पूजा करता/करती हूँ)

10. श्रीयै नमः – ओष्ठौ पूजयामि

(मैं देवी के अधरों की पूजा करता/करती हूँ)

11. सुनासिकायै नमः – नासिकां पूजयामि

(मैं देवी की नाक की पूजा करता/करती हूँ)

12. सुनेत्रायै नमः – नेत्रे पूजयामि

(मैं देवी की आँखों की पूजा करता/करती हूँ)

13. रामायै नमः – कर्णौ पूजयामि

(मैं देवी के कानों की पूजा करता/करती हूँ)

14. कमलायै नमः – शिरः पूजयामि

(मैं देवी के सिर की पूजा करता/करती हूँ)

15. वरलक्ष्म्यै नमः – सर्वाङ्गानि पूजयामि

(मैं देवी के सम्पूर्ण स्वरूप की पूजा करता/करती हूँ)

लक्ष्मी अष्टोत्तर शतनामावलि

(प्रत्येक नाम के बाद "ॐ ... नमः" बोलते हुए अक्षत/पुष्प अर्पित करें)

ॐ प्रकृत्यै नमः ।

ॐ विकृत्यै नमः ।

ॐ विद्यायै नमः ।

ॐ सर्वभूतहितप्रदायै नमः ।

ॐ श्रद्धायै नमः ।

ॐ विभूत्यै नमः ।

ॐ सुरभ्यै नमः ।

ॐ परमात्मिकायै नमः ।

ॐ वाचै नमः ।

ॐ पद्मालयायै नमः ।

ॐ पद्मायै नमः ।

ॐ शुचये नमः ।

ॐ स्वाहायै नमः ।

ॐ स्वधायै नमः ।

ॐ सुधायै नमः ।

ॐ धन्यायै नमः ।

ॐ हिरण्मय्यै नमः ।

ॐ लक्ष्म्यै नमः ।

ॐ नित्यपुष्टायै नमः ।

ॐ विभावार्यै नमः ।

ॐ आदित्यै नमः ।

ॐ दित्यै नमः ।

ॐ दीपायै नमः ।

ॐ वसुधायै नमः ।

ॐ वसुधारिण्यै नमः ।

ॐ कमलायै नमः ।

ॐ कान्तायै नमः ।

ॐ कामाक्ष्यै नमः ।

ॐ क्रोधसम्भवायै नमः ।

ॐ अनुग्रहप्रदायै नमः ।

ॐ बुद्धये नमः ।

ॐ अनघायै नमः ।

ॐ हरिवल्लभायै नमः ।

ॐ अशोकायै नमः ।

ॐ अमृतायै नमः ।

ॐ दीप्तायै नमः ।

ॐ लोकशोकविनाशिन्यै नमः ।

ॐ धर्मनिलयायै नमः ।

ॐ करुणायै नमः ।

ॐ लोकमात्रे नमः ।

ॐ पद्मप्रियायै नमः ।

ॐ पद्महस्तायै नमः ।

ॐ पद्माक्ष्यै नमः ।

ॐ पद्मसुन्दर्यै नमः ।

ॐ पद्मोद्भवायै नमः ।

ॐ पद्ममुख्यै नमः ।

ॐ पद्मनाभप्रियायै नमः ।

ॐ रामायै नमः ।

ॐ पद्ममालाधारायै नमः ।

ॐ देव्यात् नमः ।

ॐ Padmin◌्यै नमः ।

ॐ पद्मगन्धिन्यै नमः ।

ॐ पुण्यगन्धायै नमः ।

ॐ सुप्रसन्नायै नमः ।

ॐ प्रसादाभिमुख्यै नमः ।

ॐ प्रभायै नमः ।

ॐ चन्द्रवदनायै नमः ।

ॐ चन्द्रायै नमः ।

ॐ चन्द्रसहोदर्यै नमः ।

ॐ चतुर्भुजायै नमः ।

ॐ चन्द्ररूपायै नमः ।

ॐ इन्द्रायै नमः ।

ॐ इन्दुशीतलायै नमः ।

ॐ आह्लादजनन्यै नमः ।

ॐ पुष्ट्यै नमः ।

ॐ शिवायै नमः ।

ॐ शिवकार्यै नमः ।

ॐ सत्यायै नमः ।

ॐ विमलायै नमः ।

ॐ विश्वजनन्यै नमः ।

ॐ तुष्ट्यै नमः ।

ॐ दारिद्र्यनाशिन्यै नमः ।

ॐ प्रीतिपुष्करिण्यै नमः ।

ॐ शान्तायै नमः ।

ॐ शुक्लमाल्याम्बरायै नमः ।

ॐ श्रियै नमः ।

ॐ भास्कर्यै नमः ।

ॐ बिल्वनिलयायै नमः ।

ॐ वरारोहायै नमः ।

ॐ यशस्विन्यै नमः ।

ॐ वसुधारायै नमः ।

ॐ उदाराङ्गायै नमः ।

ॐ हरिन्यै नमः ।

ॐ हेममालिन्यै नमः ।

ॐ धनधान्यकार्यै नमः ।

ॐ सिद्ध्यै नमः ।

ॐ स्त्रैणसौम्यायै नमः ।

ॐ शुभप्रदायै नमः ।

ॐ नृपवेश्मगतानन्दायै नमः ।

ॐ वरलक्ष्म्यै नमः ।

ॐ वसुप्रदायै नमः ।

ॐ शुभायै नमः ।

ॐ हिरण्यप्राकारायै नमः ।

ॐ समुद्रतनयायै नमः ।

ॐ जयायै नमः ।

ॐ मङ्गलायै नमः ।

ॐ विष्णुवक्षःस्थलस्थितायै नमः ।

ॐ विष्णुपत्नी नमः ।

ॐ प्रसन्नाक्ष्यै नमः ।

ॐ नारायणसमाश्रितायै नमः ।

ॐ दारिद्र्यध्वंसिन्यै नमः ।

ॐ देव्यात् नमः ।

ॐ सर्वोपद्रववारिन्यै नमः ।

ॐ नवदुर्गायै नमः ।

ॐ महाकाल्यै नमः ।

ॐ ब्रह्माविष्णुशिवात्मिकायै नमः ।

ॐ त्रिकालज्ञानसम्पन्नायै नमः ।

ॐ भुवनेश्वर्यै नमः ।

ॐ अष्टोत्तरशतनामपूजाम् समर्पयामि ॥

१. धूपम् (धूप अर्पण)

(अगरबत्ती या धूप जलाकर देवी को अर्पित करें)

मंत्र:

दशाङ्गं गुग्गुलोपेतं सुगन्धं च मनोहरम् ।

धूपं दधामि देवेशि वरलक्ष्मि गृहाण तम् ॥

धूपं समर्पयामि ॥

२. दीपम् (दीप अर्पण)

(घी या तेल का दीपक जलाकर देवी को अर्पित करें)

मंत्र:

घृतक्तवर्तिसंयुक्तम् अन्धकारविनाशकम् ।

दीपं दधामि ते देवि गृहाण मुदिताभव ॥

दीपं समर्पयामि ॥

३. नैवेद्यम् (Naivedyam – नैवेद्य अर्पण)

(मिठाई, फल, नारियल आदि अर्पित करें)

मंत्र:

नैवेद्यं षट्रसोपेतं दधिमध्वाज्यसंयुतम् ।

नानाभक्ष्यफलोपेतं गृहाण हरिवल्लभे ॥

नैवेद्यं समर्पयामि ॥

४. पानीयम् (जल अर्पण)

(सुगंधित शीतल जल अर्पित करें)

मंत्रः

घनसारसुगन्धेन मिश्रितं पुष्पशीतलम् ।
पानीयं गृह्यतां देवि शीतलं सुमनोहरम् ॥
पानीयं समर्पयामि ॥

४. ताम्बूलम् (पान पत्र अर्पण)

(पान के पत्ते, सुपारी, खजूर, और दक्षिणा अर्पित करें)

मंत्रः

पूगेफलसमायुक्तं नागवल्लीदलैर्युतम् ।
कर्पूरचूर्णसंयुक्तं ताम्बूलं प्रतिगृह्यताम् ॥
ताम्बूलं समर्पयामि ॥

५. निराजनम् (कपूर आरती)

(कपूर जलाकर देवी की आरती करें)

मंत्रः

नीराजनं समानेतं कर्पूरेण समन्वितम् ।
तुभ्यं दधाम्यहम् देवि गृह्यतां विष्णुवल्लभे ॥
नीराजनं समर्पयामि ॥

६. मन्त्रपुष्पम् (पुष्प अर्पण)

(अक्षत या फूल अर्पित करें)

मंत्र:

पद्मासने पद्मकरे सर्वलोकैकपूजिते ।

नारायणप्रिये देवि सुप्रीतो भव सर्वदा ॥

मन्त्रपुष्पं समर्पयामि ॥

७. प्रदक्षिणा (परिक्रमा)

(पूजा स्थल की ५ प्रदक्षिणाएँ करें)

मंत्र:

यानि कानि च पापानि जन्मान्तरकृतानि च ।

तानि तानि प्रणश्यन्ति प्रदक्षिणा पदे पदे ॥

८. नमस्कारम् (अंतिम प्रार्थना)

मंत्र:

समस्तलोकजननि नमस्ते विष्णुवल्लभे ।

पाहि मां भक्तवरदे वरलक्ष्मि नमो नमः ॥

श्रीवरलक्ष्मीदेवतायै नमस्कारान् समर्पयामि ॥

९. अथ तोरग्रन्थि पूजा (पवित्र धागे की पूजा)

(हल्दी लेपित ९ गाँठों वाले पवित्र धागे की पूजा)

प्रत्येक गाँठ पर मंत्र:

१. कमलायै नमः – प्रथमग्रन्थिं पूजयामि

२. रमायै नमः – द्वितीयग्रन्थिं पूजयामि

३. लोकमात्रे नमः – तृतीयग्रन्थिं पूजयामि

४. विश्वजनन्यै नमः – चतुर्थग्रन्थिं पूजयामि

५. महालक्ष्म्यै नमः – पञ्चमग्रन्थिं पूजयामि

६. क्षीराभितनयायै नमः – षष्ठग्रन्थिं पूजयामि

७. विश्वसाक्षिण्यै नमः – सप्तमग्रन्थिं पूजयामि

८. चन्द्रसोदर्यै नमः – अष्टमग्रन्थिं पूजयामि

९. हरिवल्लभ्यै नमः – नवमग्रन्थिं पूजयामि

१०. तोरबन्धनम् (धागा बाँधना)

(दाहिने हाथ में धागा बाँधें)

मंत्र:

बध्नामि दक्षिणे हस्ते नवसूत्रं शुभप्रदम् ।

पुत्रपौत्राभिवृद्धिश्च सौभाग्यं देहि मे रमे ॥

११. वायन विधिः (वायन अर्पण)

(१२ पूरियाँ या मिठाई अर्पित करें)

मंत्र:

एवं सम्पूज्य कल्याणिं वरलक्ष्मीं स्वशक्तितः ।

दातव्यं द्वादश पूपं वायनं हि द्विजातये ॥

१२. वायनदानम् (Vayana Dana – वायन का दान)

(सुमंगलियों को वायन और ताम्बूल अर्पित करें)

मंत्र:

इन्दिरा प्रतिगृह्णातु इन्दिरा वै ददाति च ।

इन्दिरा तारको भाव्यां इन्द्रियायै नमो नमः

॥ इति श्रीवरलक्ष्मीव्रत पूजाविधानं सम्पूर्णम् ॥

वरलक्ष्मी व्रत कथा (हिंदी)

कुंदिन नामक नगर में चारुमति नाम की एक ब्राह्मणी रहती थी। वह स्वभाव से अत्यंत विनम्र, दयालु और करुणाशील थी। अपने पति और परिवार के प्रति उसमें गहरा स्नेह और भक्ति भाव था। एक रात, लक्ष्मी देवी उसके स्वप्न में प्रकट हुईं और उससे बोलीं—"हे सुभगे! तुम मेरे वरलक्ष्मी स्वरूप की पूजा करो और मेरा आशीर्वाद प्राप्त करो। मैं तुम्हें इस व्रत की विधि और इसे करने का श्रेष्ठ दिन बताती हूँ। श्रावण मास की पूर्णिमा से पहले वाले शुक्रवार को यह व्रत करना अत्यंत शुभ होता है।"सुबह होते ही चारुमति ने यह स्वप्न अपने पति और परिवार को सुनाया। उसने अपनी सखियों को भी बताया, और देखते ही देखते यह समाचार पूरे नगर में फैल गया। निर्धारित दिन, अर्थात् श्रावण पूर्णिमा से पहले वाले शुक्रवार को, चारुमति ने अपने परिवार, सखियों और नगर की अनेक स्त्रियों के साथ मिलकर वरलक्ष्मी व्रत किया। सबने बड़ी भक्ति और श्रद्धा से देवी वरलक्ष्मी की पूजा की, विशेष व्यंजन और फल अर्पित किए। पूजा के अंत में देवी वरलक्ष्मी स्वयं प्रकट हुईं और सभी को वरदान प्रदान किए। उनके घर अन्न, धान्य, रत्न, मणि, हीरे, मोती और सोने से भर गए। सबका जीवन सुख-समृद्धि और आनंद से भर गया। तब से स्त्रियाँ इस व्रत को प्रत्येक वर्ष श्रावण मास की पूर्णिमा से पहले वाले शुक्रवार को श्रद्धापूर्वक करती हैं।

वरलक्ष्मी व्रतकथा (संस्कृत)

चारुमती नाम ब्राह्मणी कुन्दिनाख्ये नगरे वसति स्म। सा स्वभावतः अतीव विनयी करुणाशीला चासीत्। सा स्वपत्ये कुले च अत्यधिकं भक्तिमती आसीत्।

एकदा रात्रौ लक्ष्मीदेवी स्वप्ने तस्यै दृष्ट्वा व्रतमाख्यातवती–

"वरलक्ष्मीं पूजयित्वा मम कृपां प्रार्थय।
श्रावणपूर्णिमापूर्वशुक्रवासरे वरलक्ष्मीव्रतं कर्तव्यम् इति श्रेयस्करम्।"देवी तस्यै वरलक्ष्मीव्रतविधिं च उत्तमं दिनं च उवाच।प्रभाते चारुमती स्वप्नवृत्तान्तं पतये कुलाय च निवेदितवती। सा स्वमित्रेभ्यः अपि उक्तवती, नगरमध्ये वाक्यं प्रसारितम्।तस्मिन्नेव शुक्रवासरे चारुमती स्वकुलमित्रस्त्रीभिः सह वरलक्ष्मीव्रतं कृतवती। सा अतीव भक्त्या देविं पूजयित्वा विशेषपाकान्नानि फलानि च न्यवेदयत्।

ततः वरलक्ष्मीदेवी तासां पुरतः प्रकट्य सर्वाभ्यः वरान् दत्तवती। तेषां गृहानि धान्यरत्नमणिहिरण्यमयानि अभवन्। ताः सर्वाः सुखेन चिरकालं जीवितवत्यः।

तस्मात्कालात् स्त्रियः प्रतिवर्षं तस्मिन्नेव शुक्रवासरे वरलक्ष्मीव्रतमाचरन्ति स्म।

श्री अष्टलक्ष्मी स्तोत्रम्

1. आदि लक्ष्मी

सुमनस वंदिता सुंदरी माधवी, चन्द्र सहोदरी हेममये।

मुनिगण मंडिता मोक्ष प्रदायिनी, मञ्जुल भाषिणी वेद नुते॥

पंकज वासिनि देव सुपूजिता, सद्गुण वर्षिणी शांति युते।

जय जय हे मधुसूदन कामिनि, आदि लक्ष्मी सदा पालय मां॥

2. धान्य लक्ष्मी

अहिकिल कल्मष नाशिनि कामिनि, वैदिक रूपिणि वेदमये।

क्षीर समुद्भव मङ्गल रूपिणि, मन्त्र निवासिनि मन्त्र नुते॥

मङ्गल दायिनि अम्बुज वासिनि, देवगणाश्रित पाद युते।

जय जय हे मधुसूदन कामिनि, धान्य लक्ष्मी सदा पालय मां॥

3. धैर्य लक्ष्मी

जय वर वर्णिनि वैष्णवि भार्गवि, मन्त्र स्वरूपिणि मन्त्र मये।

सुरगण पूजिता शीघ्र फलप्रदा, ज्ञान विकासिनि शास्त्र नुते॥

भव भय हारिणि पाप विमोचनि, साधु जनाश्रित पाद युते।

जय जय हे मधुसूदन कामिनि, धैर्य लक्ष्मी सदा पालय मां॥

4. गजलक्ष्मी

जय जय दुर्गति नाशिनि कामिनि, सर्वफल प्रदा शास्त्र मये।

रथ गज तुरग पदादि समावृता, परिचर मंडिता लोक नुते॥

हरिहर ब्रह्म सुपूजिता सेविता, ताप निवारिणि पाद युते।

जय जय हे मधुसूदन कामिनि, गजलक्ष्मी रूपेण पालय मां॥

5. सन्तान लक्ष्मी

अहि खग वाहनि मोहिनि चक्रिणि, रागविवर्धिनि ज्ञान मये।

गुणगण वारिधि लोक हितैषिणि, स्वर सप्त भूषिता गान नुते॥

सकल सुरासुर देव मुनिश्वर, मानव वन्दिता पाद युते।

जय जय हे मधुसूदन कामिनि, सन्तान लक्ष्मी त्वं पालय मां॥

6. विजय लक्ष्मी

जय कमलासनि सद्गति दायिनि, ज्ञान विकासिनि गान मये।

अनुदिन अर्चिता कुम्कुम धूसर भूषिता वासिता वाद्य नुते॥

कनकधारा स्तुति वैभव वन्दिता, शंकर देशिक मान्य पदे।

जय जय हे मधुसूदन कामिनि, विजय लक्ष्मी सदा पालय मां॥

7. विद्या लक्ष्मी

प्रणत सुरेश्वरी भारति भार्गवि, शोक विनाशिनि रत्न मये।

मणिमय भूषिता कर्ण विभूषण, शांति समावृता हास्य मुखे॥

नवनिधि दायिनि कलिमल हारिणि, कामित फलप्रदा हस्त युते।

जय जय हे मधुसूदन कामिनि, विद्या लक्ष्मी सदा पालय मां॥

8. धन लक्ष्मी

धिमिधिमि धिन्दिमि धिन्दिमि धिन्दिमि,

दुन्दुभि नाद सुपूर्ण मये।

घुमघुम घुंघुम घुंघुम घुंघुम, शंख निनाद सुवाद्य नुते॥

वेद पुराण इतिहास सुपूजिता, वैदिक मार्ग प्रदर्श युते।

जय जय हे मधुसूदन कामिनि, धन लक्ष्मी रूपेण पालय मां॥

वरलक्ष्मी व्रत समापन

वरलक्ष्मी व्रत कथा सुनने के बाद, परंपरा के अनुसार, अक्षत (हल्दी में लिपा पवित्र चावल) को सिर पर हल्के से छिड़कना शुभ माना जाता है, जो देवी के आशीर्वाद का प्रतीक है।

इसके पश्चात तांबूलम – जिसमें पान के पत्ते, सुपारी, एक सिक्का, और हल्दी-कुमकुम होते हैं – विवाहित स्त्रियों (सुमंगलियों) को सम्मानपूर्वक अर्पित किया जाता है। यह पवित्र बाँटने की परंपरा का एक महत्वपूर्ण भाग है।

इसके बाद, सभी भक्तगण प्रसाद ग्रहण करते हैं, जिसमें देवी को अर्पित किए गए विशेष पकवान और फल शामिल होते हैं।

व्रत करने वाले को इस दिन रात्रि में फलाहार या सरल उपवास रखना चाहिए तथा सच्ची श्रद्धा और भक्ति के साथ देवी लक्ष्मी का ध्यान करना चाहिए।

पुनः पूजा एवं अगले दिन की विधि

अगले दिन प्रातः, पुनः पूजा (Punar Puja) नामक संक्षिप्त अनुष्ठान किया जाता है, जिससे व्रत का औपचारिक समापन होता है। पूजा के बाद, देवी लक्ष्मी की मूर्ति अथवा कलश को सम्मानपूर्वक पूजास्थल से उठाकर सुरक्षित स्थान पर रखा जाता है, ताकि अगले वर्ष के वरलक्ष्मी पूजन में उसका पुनः उपयोग हो सके।

कलश के ऊपर रखा नारियल तोड़कर उससे मोदक, पोंगल या कोझुकट्टई जैसे मीठे व्यंजन बनाए जाते हैं। कलश का जल तुलसी या अन्य पवित्र/फूलों वाले पौधों में अर्पित किया जाता है, ध्यान रहे कि जल पगडंडियों या ऐसे स्थानों पर न गिरे जहाँ लोग चलते हों।

पूजा में प्रयुक्त सभी जैविक वस्तुएँ – जैसे फूल, हल्दी, कुमकुम, आदि – को सम्मानपूर्वक किसी कुएँ या स्वच्छ बहते जल में विसर्जित करें, ऐसे स्थान पर जहाँ लोग सामान्यतः न चलते हों।

इन सभी विधियों के साथ व्रत का समापन पूर्ण पवित्रता, श्रद्धा और पर्यावरण की शुद्धता के साथ होता है।

माँ वरलक्ष्मी आपके घर को धन, स्वास्थ्य और सुख-समृद्धि से भर दें।

9 789334 401882

Printed at Repro India Ltd.